Guia total de combinaciones de quinielas deportivas de futbol nacionales e internacionales.

Iniciando por todas las posibles combinaciones de progol revancha del futbol mexicano.

Para posteriormente avanzar en las diferentes modalidades.

Todo esto con la finalidad de que el aficionado y el experto tengan un panorama mas amplio en cuestion de combinaciones, aunado a su conocimiento deportivo.

Prologo

LLLLLLL
LELLLLL
LVLLLLL
ELLLLLL
EELLLLL
EVLLLLL
VLLLLLL
VELLLLL
VVLLLLL

LLLLLLE
LELLLLE
LVLLLLE
ELLLLLE
EELLLLE
EVLLLLE
VLLLLLE
VELLLLE
VVLLLLE

LLLLLLV
LELLLLV
LVLLLLV
ELLLLLV
EELLLLV
EVLLLLV

VLLLLLV
VELLLLV
VVLLLLV

LLLLLEL
LELLLEL
LVLLLEL
ELLLLEL
EELLLEL
EVLLLEL
VLLLLEL
VELLLEL
VVLLLEL

LLLLLEE
LELLLEE
LVLLLEE
ELLLLEE
EELLLEE
EVLLLEE
VLLLLEE
VELLLEE
VVLLLEE

LLLLLEV
LELLLEV
LVLLLEV
ELLLLEV
EELLLEV
EVLLLEV
VLLLLEV
VELLLEV
VVLLLEV

LLLLLVL
LELLLVL
LVLLLVL
ELLLLVL
EELLLVL

EVLLLVL
VLLLLVL
VELLLVL
VVLLLVL

LLLLLVE
LELLLVE
LVLLLVE
ELLLLVE
EELLLVE
EVLLLVE
VLLLLVE
VELLLVE
VVLLLVE

LLLLLVV
LELLLVV
LVLLLVV
ELLLLVV
EELLLVV
EVLLLVV
VLLLLVV
VELLLVV
VVLLLVV

pagina 1

LLLLELL
LELLELL
LVLLELL
ELLLELL
EELLELL
EVLLELL
VLLLELL
VELLELL
VVLLELL

LLLLELE
LELLELE
LVLLELE
ELLLELE
EELLELE
EVLLELE
VLLLELE
VELLELE
VVLLELE

LLLLELV
LELLELV
LVLLELV
ELLLELV
EELLELV
EVLLELV
VLLLELV
VELLELV
VVLLELV

LLLLEEL
LELLEEL
LVLLEEL
ELLLEEL
EELLEEL
EVLLEEL
VLLLEEL
VELLEEL
VVLLEEL

LLLLEEE
LELLEEE
LVLLEEE
ELLLEEE
EELLEEE
EVLLEEE
VLLLEEE
VELLEEE
VVLLEEE

LLLLEEV
LELLEEV
LVLLEEV
ELLLEEV
EELLEEV
EVLLEEV
VLLLEEV
VELLEEV
VVLLEEV

LLLLEVL
LELLEVL
LVLLEVL
ELLLEVL
EELLEVL
EVLLEVL
VLLLEVL
VELLEVL
VVLLEVL

LLLLEVE
LELLEVE
LVLLEVE
ELLLEVE
EELLEVE
EVLLEVE
VLLLEVE
VELLEVE
VVLLEVE

LLLLEVV
LELLEVV
LVLLEVV
ELLLEVV
EELLEVV
EVLLEVV
VLLLEVV
VELLEVV

VVLLEVV

Pagina 2

LLLLVLL
LELLVLL
LVLLVLL
ELLLVLL
EELLVLL
EVLLVLL
VLLLVLL
VELLVLL
VVLLVLL

LLLLVLE
LELLVLE
LVLLVLE
ELLLVLE
EELLVLE
EVLLVLE
VLLLVLE
VELLVLE
VVLLVLE

LLLLVLV
LELLVLV
LVLLVLV
ELLLVLV
EELLVLV
EVLLVLV
VLLLVLV
VELLVLV
VVLLVLV

LLLLVEL
LELLVEL
LVLLVEL

ELLLVEL
EELLVEL
EVLLVEL
VLLLVEL
VELLVEL
VVLLVEL

LLLLVEE
LELLVEE
LVLLVEE
ELLLVEE
EELLVEE
EVLLVEE
VLLLVEE
VELLVEE
VVLLVEE

LLLLVEV
LELLVEV
LVLLVEV
ELLLVEV
EELLVEV
EVLLVEV
VLLLVEV
VELLVEV
VVLLVEV

LLLLVVL
LELLVVL
LVLLVVL
ELLLVVL
EELLVVL
EVLLVVL
VLLLVVL
VELLVVL
VVLLVVL

LLLLVVE
LELLVVE

LVLLVVE
ELLLVVE
EELLVVE
EVLLVVE
VLLLVVE
VELLVVE
VVLLVVE

LLLLVVV
LELLVVV
LVLLVVV
ELLLVVV
EELLVVV
EVLLVVV
VLLLVVV
VELLVVV
VVLLVVV

Pagina 3

LLLELLL
LELELLL
LVLELLL
ELLELLL
EELELLL
EVLELLL
VLLELLL
VELELLL
VVLELLL

LLLELLE
LELELLE
LVLELLE
ELLELLE
EELELLE
EVLELLE
VLLELLE

VELELLE
VVLELLE

LLLELLV
LELELLV
LVLELLV
ELLELLV
EELELLV
EVLELLV
VLLELLV
VELELLV
VVLELLV

LLLELEL
LELELEL
LVLELEL
ELLELEL
EELELEL
EVLELEL
VLLELEL
VELELEL
VVLELEL

LLLELEE
LELELEE
LVLELEE
ELLELEE
EELELEE
EVLELEE
VLLELEE
VELELEE
VVLELEE

LLLELEV
LELELEV
LVLELEV
ELLELEV
EELELEV
EVLELEV

VLLELEV
VELELEV
VVLELEV

LLLELVL
LELELVL
LVLELVL
ELLELVL
EELELVL
EVLELVL
VLLELVL
VELELVL
VVLELVL

LLLELVE
LELELVE
LVLELVE
ELLELVE
EELELVE
EVLELVE
VLLELVE
VELELVE
VVLELVE

LLLELVV
LELELVV
LVLELVV
ELLELVV
EELELVV
EVLELVV
VLLELVV
VELELVV
VVLELVV

pagina 4

LLLEELL

LELEELL
LVLEELL
ELLEELL
EELEELL
EVLEELL
VLLEELL
VELEELL
VVLEELL

LLLEELE
LELEELE
LVLEELE
ELLEELE
EELEELE
EVLEELE
VLLEELE
VELEELE
VVLEELE

LLLEELV
LELEELV
LVLEELV
ELLEELV
EELEELV
EVLEELV
VLLEELV
VELEELV
VVLEELV

LLLEEEL
LELEEEL
LVLEEEL
ELLEEEL
EELEEEL
EVLEEEL
VLLEEEL
VELEEEL
VVLEEEL

LLLEEEE
LELEEEE
LVLEEEE
ELLEEEE
EELEEEE
EVLEEEE
VLLEEEE
VELEEEE
VVLEEEE

LLLEEEV
LELEEEV
LVLEEEV
ELLEEEV
EELEEEV
EVLEEEV
VLLEEEV
VELEEEV
VVLEEEV

LLLEEVL
LELEEVL
LVLEEVL
ELLEEVL
EELEEVL
EVLEEVL
VLLEEVL
VELEEVL
VVLEEVL

LLLEEVE
LELEEVE
LVLEEVE
ELLEEVE
EELEEVE
EVLEEVE
VLLEEVE
VELEEVE
VVLEEVE

LLLEEVV
LELEEVV
LVLEEVV
ELLEEVV
EELEEVV
EVLEEVV
VLLEEVV
VELEEVV
VVLEEVV

pagina 5

LLLEVLL
LELEVLL
LVLEVLL
ELLEVLL
EELEVLL
EVLEVLL
VLLEVLL
VELEVLL
VVLEVLL

LLLEVLE
LELEVLE
LVLEVLE
ELLEVLE
EELEVLE
EVLEVLE
VLLEVLE
VELEVLE
VVLEVLE

LLLEVLV
LELEVLV
LVLEVLV
ELLEVLV

EELEVLV
EVLEVLV
VLLEVLV
VELEVLV
VVLEVLV

LLLEVEL
LELEVEL
LVLEVEL
ELLEVEL
EELEVEL
EVLEVEL
VLLEVEL
VELEVEL
VVLEVEL

LLLEVEE
LELEVEE
LVLEVEE
ELLEVEE
EELEVEE
EVLEVEE
VLLEVEE
VELEVEE
VVLEVEE

LLLEVEV
LELEVEV
LVLEVEV
ELLEVEV
EELEVEV
EVLEVEV
VLLEVEV
VELEVEV
VVLEVEV

LLLEVVL
LELEVVL
LVLEVVL

ELLEVVL
EELEVVL
EVLEVVL
VLLEVVL
VELEVVL
VVLEVVL

LLLEVVE
LELEVVE
LVLEVVE
ELLEVVE
EELEVVE
EVLEVVE
VLLEVVE
VELEVVE
VVLEVVE

LLLEVVV
LELEVVV
LVLEVVV
ELLEVVV
EELEVVV
EVLEVVV
VLLEVVV
VELEVVV
VVLEVVV

Pagina 6

LLLVLLL
LELVLLL
LVLVLLL
ELLVLLL
EELVLLL
EVLVLLL
VLLVLLL
VELVLLL

VVLVLLL

LLLVLLE
LELVLLE
LVLVLLE
ELLVLLE
EELVLLE
EVLVLLE
VLLVLLE
VELVLLE
VVLVLLE

LLLVLLV
LELVLLV
LVLVLLV
ELLVLLV
EELVLLV
EVLVLLV
VLLVLLV
VELVLLV
VVLVLLV

LLLVLEL
LELVLEL
LVLVLEL
ELLVLEL
EELVLEL
EVLVLEL
VLLVLEL
VELVLEL
VVLVLEL

LLLVLEE
LELVLEE
LVLVLEE
ELLVLEE
EELVLEE
EVLVLEE
VLLVLEE

VELVLEE
VVLVLEE

LLLVLEV
LELVLEV
LVLVLEV
ELLVLEV
EELVLEV
EVLVLEV
VLLVLEV
VELVLEV
VVLVLEV

LLLVLVL
LELVLVL
LVLVLVL
ELLVLVL
EELVLVL
EVLVLVL
VLLVLVL
VELVLVL
VVLVLVL

LLLVLVE
LELVLVE
LVLVLVE
ELLVLVE
EELVLVE
EVLVLVE
VLLVLVE
VELVLVE
VVLVLVE

LLLVLVV
LELVLVV
LVLVLVV
ELLVLVV
EELVLVV
EVLVLVV

VLLVLVV
VELVLVV
VVLVLVV

pagina 7

LLLVELL
LELVELL
LVLVELL
ELLVELL
EELVELL
EVLVELL
VLLVELL
VELVELL
VVLVELL

LLLVELE
LELVELE
LVLVELE
ELLVELE
EELVELE
EVLVELE
VLLVELE
VELVELE
VVLVELE

LLLVELV
LELVELV
LVLVELV
ELLVELV
EELVELV
EVLVELV
VLLVELV
VELVELV
VVLVELV

LLLVEEL

LELVEEL
LVLVEEL
ELLVEEL
EELVEEL
EVLVEEL
VLLVEEL
VELVEEL
VVLVEEL

LLLVEEE
LELVEEE
LVLVEEE
ELLVEEE
EELVEEE
EVLVEEE
VLLVEEE
VELVEEE
VVLVEEE

LLLVEEV
LELVEEV
LVLVEEV
ELLVEEV
EELVEEV
EVLVEEV
VLLVEEV
VELVEEV
VVLVEEV

LLLVEVL
LELVEVL
LVLVEVL
ELLVEVL
EELVEVL
EVLVEVL
VLLVEVL
VELVEVL
VVLVEVL

LLLVEVE
LELVEVE
LVLVEVE
ELLVEVE
EELVEVE
EVLVEVE
VLLVEVE
VELVEVE
VVLVEVE

LLLVEVV
LELVEVV
LVLVEVV
ELLVEVV
EELVEVV
EVLVEVV
VLLVEVV
VELVEVV
VVLVEVV

pagina 8

LLLVVLL
LELVVLL
LVLVVLL
ELLVVLL
EELVVLL
EVLVVLL
VLLVVLL
VELVVLL
VVLVVLL

LLLVVLE
LELVVLE
LVLVVLE
ELLVVLE
EELVVLE

EVLVVLE
VLLVVLE
VELVVLE
VVLVVLE

LLLVVLV
LELVVLV
LVLVVLV
ELLVVLV
EELVVLV
EVLVVLV
VLLVVLV
VELVVLV
VVLVVLV

LLLVVEL
LELVVEL
LVLVVEL
ELLVVEL
EELVVEL
EVLVVEL
VLLVVEL
VELVVEL
VVLVVEL

LLLVVEE
LELVVEE
LVLVVEE
ELLVVEE
EELVVEE
EVLVVEE
VLLVVEE
VELVVEE
VVLVVEE

LLLVVEV
LELVVEV
LVLVVEV
ELLVVEV

EELVVEV
EVLVVEV
VLLVVEV
VELVVEV
VVLVVEV

LLLVVVL
LELVVVL
LVLVVVL
ELLVVVL
EELVVVL
EVLVVVL
VLLVVVL
VELVVVL
VVLVVVL

LLLVVVE
LELVVVE
LVLVVVE
ELLVVVE
EELVVVE
EVLVVVE
VLLVVVE
VELVVVE
VVLVVVE

LLLVVVV
LELVVVV
LVLVVVV
ELLVVVV
EELVVVV
EVLVVVV
VLLVVVV
VELVVVV
VVLVVVV

LLELLLL
LEELLLL
LVELLLL
ELELLLL
EEELLLL
EVELLLL
VLELLLL
VEELLLL
VVELLLL

LLELLLE
LEELLLE
LVELLLE
ELELLLE
EEELLLE
EVELLLE
VLELLLE
VEELLLE
VVELLLE

LLELLLV
LEELLLV
LVELLLV
ELELLLV
EEELLLV
EVELLLV
VLELLLV
VEELLLV
VVELLLV

LLELLEL
LEELLEL
LVELLEL
ELELLEL
EEELLEL
EVELLEL
VLELLEL
VEELLEL

VVELLEL

LLELLEE
LEELLEE
LVELLEE
ELELLEE
EEELLEE
EVELLEE
VLELLEE
VEELLEE
VVELLEE

LLELLEV
LEELLEV
LVELLEV
ELELLEV
EEELLEV
EVELLEV
VLELLEV
VEELLEV
VVELLEV

LLELLVL
LEELLVL
LVELLVL
ELELLVL
EEELLVL
EVELLVL
VLELLVL
VEELLVL
VVELLVL

LLELLVE
LEELLVE
LVELLVE
ELELLVE
EEELLVE
EVELLVE
VLELLVE

VEELLVE
VVELLVE

LLELLVV
LEELLVV
LVELLVV
ELELLVV
EEELLVV
EVELLVV
VLELLVV
VEELLVV
VVELLVV

pagina 10

LLELELL
LEELELL
LVELELL
ELELELL
EEELELL
EVELELL
VLELELL
VEELELL
VVELELL

LLELELE
LEELELE
LVELELE
ELELELE
EEELELE
EVELELE
VLELELE
VEELELE
VVELELE

LLELELV
LEELELV

LVELELV
ELELELV
EEELELV
EVELELV
VLELELV
VEELELV
VVELELV

LLELEEL
LEELEEL
LVELEEL
ELELEEL
EEELEEL
EVELEEL
VLELEEL
VEELEEL
VVELEEL

LLELEEE
LEELEEE
LVELEEE
ELELEEE
EEELEEE
EVELEEE
VLELEEE
VEELEEE
VVELEEE

LLELEEV
LEELEEV
LVELEEV
ELELEEV
EEELEEV
EVELEEV
VLELEEV
VEELEEV
VVELEEV

LLELEVL

LEELEVL
LVELEVL
ELELEVL
EEELEVL
EVELEVL
VLELEVL
VEELEVL
VVELEVL

LLELEVE
LEELEVE
LVELEVE
ELELEVE
EEELEVE
EVELEVE
VLELEVE
VEELEVE
VVELEVE

LLELEVV
LEELEVV
LVELEVV
ELELEVV
EEELEVV
EVELEVV
VLELEVV
VEELEVV
VVELEVV

pagina 11

LLELVLL
LEELVLL
LVELVLL
ELELVLL
EEELVLL
EVELVLL

VLELVLL
VEELVLL
VVELVLL

LLELVLE
LEELVLE
LVELVLE
ELELVLE
EEELVLE
EVELVLE
VLELVLE
VEELVLE
VVELVLE

LLELVLV
LEELVLV
LVELVLV
ELELVLV
EEELVLV
EVELVLV
VLELVLV
VEELVLV
VVELVLV

LLELVEL
LEELVEL
LVELVEL
ELELVEL
EEELVEL
EVELVEL
VLELVEL
VEELVEL
VVELVEL

LLELVEE
LEELVEE
LVELVEE
ELELVEE
EEELVEE

EVELVEE
VLELVEE
VEELVEE
VVELVEE

LLELVEV
LEELVEV
LVELVEV
ELELVEV
EEELVEV
EVELVEV
VLELVEV
VEELVEV
VVELVEV

LLELVVL
LEELVVL
LVELVVL
ELELVVL
EEELVVL
EVELVVL
VLELVVL
VEELVVL
VVELVVL

LLELVVE
LEELVVE
LVELVVE
ELELVVE
EEELVVE
EVELVVE
VLELVVE
VEELVVE
VVELVVE

LLELVVV
LEELVVV
LVELVVV
ELELVVV

EEELVVV
EVELVVV
VLELVVV
VEELVVV
VVELVVV

pagina 12

LLEELLL
LEEELLL
LVEELLL
ELEELLL
EEEELLL
EVEELLL
VLEELLL
VEEELLL
VVEELLL

LLEELLL
LEEELLL
LVEELLL
ELEELLL
EEEELLL
EVEELLL
VLEELLL
VEEELLL
VVEELLL

LLEELLE
LEEELLE
LVEELLE
ELEELLE
EEEELLE
EVEELLE
VLEELLE
VEEELLE
VVEELLE

LLEELLV
LEEELLV
LVEELLV
ELEELLV
EEEELLV
EVEELLV
VLEELLV
VEEELLV
VVEELLV

LLEELEL
LEEELEL
LVEELEL
ELEELEL
EEEELEL
EVEELEL
VLEELEL
VEEELEL
VVEELEL

LLEELEE
LEEELEE
LVEELEE
ELEELEE
EEEELEE
EVEELEE
VLEELEE
VEEELEE
VVEELEE

LLEELEV
LEEELEV
LVEELEV
ELEELEV
EEEELEV
EVEELEV
VLEELEV
VEEELEV

VVEELEV

LLEELVL
LEEELVL
LVEELVL
ELEELVL
EEEELVL
EVEELVL
VLEELVL
VEEELVL
VVEELVL

LLEELVE
LEEELVE
LVEELVE
ELEELVE
EEEELVE
EVEELVE
VLEELVE
VEEELVE
VVEELVE

LLEELVV
LEEELVV
LVEELVV
ELEELVV
EEEELVV
EVEELVV
VLEELVV
VEEELVV
VVEELVV

pagina 13

LLEEELL
LEEEELL
LVEEELL

ELEEELL
EEEEELL
EVEEELL
VLEEELL
VEEEELL
VVEEELL

LLEEELE
LEEEELE
LVEEELE
ELEEELE
EEEEELE
EVEEELE
VLEEELE
VEEEELE
VVEEELE

LLEEELV
LEEEELV
LVEEELV
ELEEELV
EEEEELV
EVEEELV
VLEEELV
VEEEELV
VVEEELV

LLEEEEL
LEEEEEL
LVEEEEL
ELEEEEL
EEEEEEL
EVEEEEL
VLEEEEL
VEEEEEL
VVEEEEL

LLEEEEE
LEEEEEE

LVEEEEE
ELEEEEE
EEEEEEE
EVEEEEE
VLEEEEE
VEEEEEE
VVEEEEE

LLEEEEV
LEEEEEV
LVEEEEV
ELEEEEV
EEEEEEV
EVEEEEV
VLEEEEV
VEEEEEV
VVEEEEV

LLEEEVL
LEEEEVL
LVEEEVL
ELEEEVL
EEEEEVL
EVEEEVL
VLEEEVL
VEEEEVL
VVEEEVL

LLEEEVE
LEEEEVE
LVEEEVE
ELEEEVE
EEEEEVE
EVEEEVE
VLEEEVE
VEEEEVE
VVEEEVE

LLEEEVV

LEEEEVV
LVEEEVV
ELEEEVV
EEEEEVV
EVEEEVV
VLEEEVV
VEEEEVV
VVEEEVV

pagina 14

LLEEVLL
LEEEVLL
LVEEVLL
ELEEVLL
EEEEVLL
EVEEVLL
VLEEVLL
VEEEVLL
VVEEVLL

LLEEVLE
LEEEVLE
LVEEVLE
ELEEVLE
EEEEVLE
EVEEVLE
VLEEVLE
VEEEVLE
VVEEVLE

LLEEVLV
LEEEVLV
LVEEVLV
ELEEVLV
EEEEVLV
EVEEVLV

VLEEVLV
VEEEVLV
VVEEVLV

LLEEVEL
LEEEVEL
LVEEVEL
ELEEVEL
EEEEVEL
EVEEVEL
VLEEVEL
VEEEVEL
VVEEVEL

LLEEVEE
LEEEVEE
LVEEVEE
ELEEVEE
EEEEVEE
EVEEVEE
VLEEVEE
VEEEVEE
VVEEVEE

LLEEVEV
LEEEVEV
LVEEVEV
ELEEVEV
EEEEVEV
EVEEVEV
VLEEVEV
VEEEVEV
VVEEVEV

LLEEVVL
LEEEVVL
LVEEVVL
ELEEVVL
EEEEVVL

EVEEVVL
VLEEVVL
VEEEVVL
VVEEVVL

LLEEVVE
LEEEVVE
LVEEVVE
ELEEVVE
EEEEVVE
EVEEVVE
VLEEVVE
VEEEVVE
VVEEVVE

LLEEVVV
LEEEVVV
LVEEVVV
ELEEVVV
EEEEVVV
EVEEVVV
VLEEVVV
VEEEVVV
VVEEVVV

pagina 15

LLEVLLL
LEEVLLL
LVEVLLL
ELEVLLL
EEEVLLL
EVEVLLL
VLEVLLL
VEEVLLL
VVEVLLL

LLEVLLE
LEEVLLE
LVEVLLE
ELEVLLE
EEEVLLE
EVEVLLE
VLEVLLE
VEEVLLE
VVEVLLE

LLEVLLV
LEEVLLV
LVEVLLV
ELEVLLV
EEEVLLV
EVEVLLV
VLEVLLV
VEEVLLV
VVEVLLV

LLEVLEL
LEEVLEL
LVELVEL
ELELVEL
EEELVEL
EVELVEL
VLELVEL
VEELVEL
VVELVEL

LLELVEE
LEELVEE
LVELVEE
ELELVEE
EEELVEE
EVELVEE
VLEVLEE
VEEVLEE
VVEVLEE

LLEVLEV
LEEVLEV
LVEVLEV
ELEVLEV
EEEVLEV
EVEVLEV
VLEVLEV
VEEVLEV
VVEVLEV

LLEVLVL
LEEVLVL
LVEVLVL
ELEVLVL
EEEVLVL
EVEVLVL
VLEVLVL
VEEVLVL
VVEVLVL

LLEVLVE
LEEVLVE
LVEVLVE
ELEVLVE
EEEVLVE
EVEVLVE
VLEVLVE
VEEVLVE
VVEVLVE

LLEVLVV
LEEVLVV
LVEVLVV
ELEVLVV
EEEVLVV
EVEVLVV
VLEVLVV
VEEVLVV

VVEVLVV

pagina 16

LLEVELL
LEEVELL
LVEVELL
ELEVELL
EEEVELL
EVEVELL
VLEVELL
VEEVELL
VVEVELL

LLEVELE
LEEVELE
LVEVELE
ELEVELE
EEEVELE
EVEVELE
VLEVELE
VEEVELE
VVEVELE

LLEVELV
LEEVELV
LVEVELV
ELEVELV
EEEVELV
EVEVELV
VLEVELV
VEEVELV
VVEVELV

LLEVEEL
LEEVEEL
LVEVEEL

ELEVEEL
EEEVEEL
EVEVEEL
VLEVEEL
VEEVEEL
VVEVEEL

LLEVEEE
LEEVEEE
LVEVEEE
ELEVEEE
EEEVEEE
EVEVEEE
VLEVEEE
VEEVEEE
VVEVEEE

LLEVEEV
LEEVEEV
LVEVEEV
ELEVEEV
EEEVEEV
EVEVEEV
VLEVEEV
VEEVEEV
VVEVEEV

LLEVEVL
LEEVEVL
LVEVEVL
ELEVEVL
EEEVEVL
EVEVEVL
VLEVEVL
VEEVEVL
VVEVEVL

LLEVEVE
LEEVEVE

LVEVEVE
ELEVEVE
EEEVEVE
EVEVEVE
VLEVEVE
VEEVEVE
VVEVEVE

LLEVEVV
LEEVEVV
LVEVEVV
ELEVEVV
EEEVEVV
EVEVEVV
VLEVEVV
VEEVEVV
VVEVEVV

pagina 17

LLEVVLL
LEEVVLL
LVEVVLL
ELEVVLL
EEEVVLL
EVEVVLL
VLEVVLL
VEEVVLL
VVEVVLL

LLEVVLE
LEEVVLE
LVEVVLE
ELEVVLE
EEEVVLE
EVEVVLE
VLEVVLE

VEEVVLE
VVEVVLE

LLEVVLV
LEEVVLV
LVEVVLV
ELEVVLV
EEEVVLV
EVEVVLV
VLEVVLV
VEEVVLV
VVEVVLV

LLEVVEL
LEEVVEL
LVEVVEL
ELEVVEL
EEEVVEL
EVEVVEL
VLEVVEL
VEEVVEL
VVEVVEL

LLEVVEE
LEEVVEE
LVEVVEE
ELEVVEE
EEEVVEE
EVEVVEE
VLEVVEE
VEEVVEE
VVEVVEE

LLEVVEV
LEEVVEV
LVEVVEV
ELEVVEV
EEEVVEV
EVEVVEV

VLEVVEV
VEEVVEV
VVEVVEV

LLEVVVL
LEEVVVL
LVEVVVL
ELEVVVL
EEEVVVL
EVEVVVL
VLEVVVL
VEEVVVL
VVEVVVL

LLEVVVE
LEEVVVE
LEEVVVE
ELEVVVE
EEEVVVE
EVEVVVE
VLEVVVE
VEEVVVE
VVEVVVE

LLEVVVV
LEEVVVV
LVEVVVV
ELEVVVV
EEEVVVV
EVEVVVV
VLEVVVV
VEEVVVV
VVEVVVV

pagina 18

LLVLLLL

LEVLLLL
LVVLLLL
ELVLLLL
EEVLLLL
EVVLLLL
VLVLLLL
VEVLLLL
VVVLLLL

LLVLLLE
LEVLLLE
LVVLLLE
ELVLLLE
EEVLLLE
EVVLLLE
VLVLLLE
VEVLLLE
VVVLLLE

LLVLLLV
LEVLLLV
LVVLLLV
ELVLLLV
EEVLLLV
EVVLLLV
VLVLLLV
VEVLLLV
VVVLLLV

LLVLLEL
LEVLLEL
LVVLLEL
ELVLLEL
EEVLLEL
EVVLLEL
VLVLLEL
VEVLLEL
VVVLLEL

LLVLLEE
LEVLLEE
LVVLLEE
ELVLLEE
EEVLLEE
VLVLLEE
VEVLLEE
VVVLLEE

LLVLLEV
LEVLLEV
LVVLLEV
ELVLLEV
EEVLLEV
EVVLLEV
VLVLLEV
VEVLLEV
VVVLLEV

LLVLLVL
LEVLLVL
LVVLLVL
ELVLLVL
EEVLLVL
EVVLLVL
VLVLLVL
VEVLLVL
VVVLLVL

LLVLLVE
LEVLLVE
LVVLLVE
ELVLLVE
EEVLLVE
EVVLLVE
VLVLLVE
VEVLLVE
VVVLLVE

LLVLLVV
LEVLLVV
LVVLLVV
ELVLLVV
EEVLLVV
EVVLLVV
VLVLLVV
VEVLLVV
VVVLLVV

pagina 19

LLVLELL
LEVLELL
LVVLELL
ELVLELL
EEVLELL
EVVLELL
VLVLELL
VEVLELL
VVVLELL

LLVLELE
LEVLELE
LVVLELE
ELVLELE
EEVLELE
EVVLELE
VLVLELE
VEVLELE
VVVLELE

LLVLELV
LEVLELV
LVVLELV
ELVLELV
EEVLELV

EVVLELV
VLVLELV
VEVLELV
VVVLELV

LLVLEEL
LEVLEEL
LVVLEEL
ELVLEEL
EEVLEEL
EVVLEEL
VLVLEEL
VEVLEEL
VVVLEEL

LLVLEEE
LEVLEEE
LVVLEEE
ELVLEEE
EEVLEEE
EVVLEEE
VLVLEEE
VEVLEEE
VVVLEEE

LLVLEEV
LEVLEEV
LVVLEEV
ELVLEEV
EEVLEEV
EVVLEEV
VLVLEEV
VEVLEEV
VVVLEEV

LLVLEVL
LEVLEVL
LVVLEVL
ELVLEVL

EEVLEVL
EVVLEVL
VLVLEVL
VEVLEVL
VVVLEVL

LLVLEVE
LEVLEVE
LVVLEVE
ELVLEVE
EEVLEVE
EVVLEVE
VLVLEVE
VEVLEVE
VVVLEVE

LLVLEVV
LEVLEVV
LVVLEVV
ELVLEVV
EEVLEVV
EVVLEVV
VLVLEVV
VEVLEVV
VVVLEVV

Pagina 20

LLVLVLL
LEVLVLL
LVVLVLL
ELVLVLL
EEVLVLL
EVVLVLL
VLVLVLL
VEVLVLL
VVVLVLL

LLVLVLE
LEVLVLE
LVVLVLE
ELVLVLE
EEVLVLE
EVVLVLE
VLVLVLE
VEVLVLE
VVVLVLE

LLVLVLV
LEVLVLV
LVVLVLV
ELVLVLV
EEVLVLV
EVVLVLV
VLVLVLV
VEVLVLV
VVVLVLV

LLVLVEL
LEVLVEL
LVVLVEL
ELVLVEL
EEVLVEL
EVVLVEL
VLVLVEL
VEVLVEL
VVVLVEL

LLVLVEE
LEVLVEE
LVVLVEE
ELVLVEE
EEVLVEE
EVVLVEE
VLVLVEE
VEVLVEE

VVVLVEE

LLVLVEV
LEVLVEV
LVVLVEV
ELVLVEV
EEVLVEV
EVVLVEV
VLVLVEV
VEVLVEV
VVVLVEV

LLVLVVL
LEVLVVL
LVVLVVL
ELVLVVL
EEVLVVL
EVVLVVL
VLVLVVL
VEVLVVL
VVVLVVL

LLVLVVE
LEVLVVE
LVVLVVE
ELVLVVE
EEVLVVE
EVVLVVE
VLVLVVE
VEVLVVE
VVVLVVE

LLVLVVV
LEVLVVV
LVVLVVV
ELVLVVV
EEVLVVV
EVVLVVV
VLVLVVV

VEVLVVV
VVVLVVV

pagina 21

LLVELLL
LEVELLL
LVVELLL
ELVELLL
EEVELLL
EVVELLL
VLVELLL
VEVELLL
VVVELLL

LLVELLE
LEVELLE
LVVELLE
ELVELLE
EEVELLE
EVVELLE
VLVELLE
VEVELLE
VVVELLE

LLVELLV
LEVELLV
LVVELLV
ELVELLV
EEVELLV
EVVELLV
VLVELLV
VEVELLV
VVVELLV

LLVELEL
LEVELEL

LVVELEL
ELVELEL
EEVELEL
EVVELEL
VLVELEL
VEVELEL
VVVELEL

LLVELEE
LEVELEE
LVVELEE
ELVELEE
EEVELEE
EVVELEE
VLVELEE
VEVELEE
VVVELEE

LLVELEV
LEVELEV
LVVELEV
ELVELEV
EEVELEV
EVVELEV
VLVELEV
VEVELEV
VVVELEV

LLVELVL
LEVELVL
LVVELVL
ELVELVL
EEVELVL
EVVELVL
VLVELVL
VEVELVL
VVVELVL

LLVELVE

LEVELVE
LVVELVE
ELVELVE
EEVELVE
EVVELVE
VLVELVE
VEVELVE
VVVELVE

LLVELVV
LEVELVV
LVVELVV
ELVELVV
EEVELVV
EVVELVV
VLVELVV
VEVELVV
VVVELVV

pagina 22

LLVEELL
LEVEELL
LVVEELL
ELVEELL
EEVEELL
EVVEELL
VLVEELL
VEVEELL
VVVEELL

LLVEELE
LEVEELE
LVVEELE
ELVEELE
EEVEELE
EVVEELE

VLVEELE
VEVEELE
VVVEELE

LLVEELV
LEVEELV
LVVEELV
ELVEELV
EEVEELV
EVVEELV
VLVEELV
VEVEELV
VVVEELV

LLVEEEL
LEVEEEL
LVVEEEL
ELVEEEL
EEVEEEL
EVVEEEL
VLVEEEL
VEVEEEL
VVVEEEL

LLVEEEE
LEVEEEE
LVVEEEE
ELVEEEE
EEVEEEE
EVVEEEE
VLVEEEE
VEVEEEE
VVVEEEE

LLVEEEV
LEVEEEV
LVVEEEV
ELVEEEV
EEVEEEV

EVVEEEV
VLVEEEV
VEVEEEV
VVVEEEV

LLVEEVL
LEVEEVL
LVVEEVL
ELVEEVL
EEVEEVL
EVVEEVL
VLVEEVL
VEVEEVL
VVVEEVL

LLVEEVE
LEVEEVE
LVVEEVE
ELVEEVE
EEVEEVE
EVVEEVE
VLVEEVE
VEVEEVE
VVVEEVE

LLVEEVV
LEVEEVV
LVVEEVV
ELVEEVV
EEVEEVV
EVVEEVV
VLVEEVV
VEVEEVV
VVVEEVV

LLVEVLL
LEVEVLL
LVVEVLL
ELVEVLL
EEVEVLL
EVVEVLL
VLVEVLL
VEVEVLL
VVVEVLL

LLVEVLE
LEVEVLE
LVVEVLE
ELVEVLE
EEVEVLE
EVVEVLE
VLVEVLE
VEVEVLE
VVVEVLE

LLVEVLV
LEVEVLV
LVVEVLV
ELVEVLV
EEVEVLV
EVVEVLV
VLVEVLV
VEVEVLV
VVVEVLV

LLVEVEL
LEVEVEL
LVVEVEL
ELVEVEL
EEVEVEL
EVVEVEL
VLVEVEL
VEVEVEL
VVVEVEL

LLVEVEE
LEVEVEE
LVVEVEE
ELVEVEE
EEVEVEE
EVVEVEE
VLVEVEE
VEVEVEE
VVVEVEE

LLVEVEV
LEVEVEV
LVVEVEV
ELVEVEV
EEVEVEV
EVVEVEV
VLVEVEV
VEVEVEV
VVVEVEV

LLVEVVL
LEVEVVL
LVVEVVL
ELVEVVL
EEVEVVL
EVVEVVL
VLVEVVL
VEVEVVL
VVVEVVL

LLVEVVE
LEVEVVE
LVVEVVE
ELVEVVE
EEVEVVE
EVVEVVE
VLVEVVE
VEVEVVE

VVVEVVE

LLVEVVV
LEVEVVV
LVVEVVV
ELVEVVV
EEVEVVV
EVVEVVV
VLVEVVV
VEVEVVV
VVVEVVV

pagina 24

LLVVLLL
LEVVLLL
LVVVLLL
ELVVLLL
EEVVLLL
EVVVLLL
VLVVLLL
VEVVLLL
VVVVLLL

LLVVLLE
LEVVLLE
LVVVLLE
ELVVLLE
EEVVLLE
EVVVLLE
VLVVLLE
VEVVLLE
VVVVLLE

LLVVLLV
LEVVLLV
LVVVLLV

ELVVLLV
EEVVLLV
EVVVLLV
VLVVLLV
VEVVLLV
VVVVLLV

LLVVLEL
LEVVLEL
LVVVLEL
ELVVLEL
EEVVLEL
EVVVLEL
VLVVLEL
VEVVLEL
VVVVLEL

LLVVLEE
LEVVLEE
LVVVLEE
ELVVLEE
EEVVLEE
EVVVLEE
VLVVLEE
VEVVLEE
VVVVLEE

LLVVLEV
LEVVLEV
LVVVLEV
ELVVLEV
EEVVLEV
EVVVLEV
VLVVLEV
VEVVLEV
VVVVLEV

LLVVLVL
LEVVLVL

LVVVLVL
ELVVLVL
EEVVLVL
EVVVLVL
VLVVLVL
VEVVLVL
VVVVLVL

LLVVLVE
LEVVLVE
LVVVLVE
ELVVLVE
EEVVLVE
EVVVLVE
VLVVLVE
VEVVLVE
VVVVLVE

LLVVLVV
LEVVLVV
LVVVLVV
ELVVLVV
EEVVLVV
EVVVLVV
VLVVLVV
VEVVLVV
VVVVLVV

pagina 25

LLVVELL
LEVVELL
LVVVELL
ELVVELL
EEVVELL
EVVVELL

VLVVELL
VEVVELL
VVVVELL

LLVVELE
LEVVELE
LVVVELE
ELVVELE
EEVVELE
EVVVELE
VLVVELE
VEVVELE
VVVVELE

LLVVELV
LEVVELV
LVVVELV
ELVVELV
EEVVELV
EVVVELV
VLVVELV
VEVVELV
VVVVELV

LLVVEEL
LEVVEEL
LVVVEEL
ELVVEEL
EEVVEEL
EVVVEEL
VLVVEEL
VEVVEEL
VVVVEEL

LLVVEEE
LEVVEEE
LVVVEEE
ELVVEEE
EEVVEEE

EVVVEEE
VLVVEEE
VEVVEEE
VVVVEEE

LLVVEEV
LEVVEEV
LVVVEEV
ELVVEEV
EEVVEEV
EVVVEEV
VLVVEEV
VEVVEEV
VVVVEEV

LLVVEVL
LEVVEVL
LVVVEVL
ELVVEVL
EEVVEVL
EVVVEVL
VLVVEVL
VEVVEVL
VVVVEVL

LLVVEVE
LEVVEVE
LVVVEVE
ELVVEVE
EEVVEVE
EVVVEVE
VLVVEVE
VEVVEVE
VVVVEVE

LLVVEVV
LEVVEVV
LVVVEVV
ELVVEVV

EEVVEVV
EVVVEVV
VLVVEVV
VEVVEVV
VVVVEVV

pagina 26

LLVVVLL
LEVVVLL
LVVVVLL
ELVVVLL
EEVVVLL
EVVVVLL
VLVVVLL
VEVVVLL
VVVVVLL

LLVVVLE
LEVVVLE
LVVVVLE
ELVVVLE
EEVVVLE
EVVVVLE
VLVVVLE
VEVVVLE
VVVVVLE

LLVVVLV
LEVVVLV
LVVVVLV
ELVVVLV
EEVVVLV
EVVVVLV
VLVVVLV
VEVVVLV
VVVVVLV

LLVVVEL
LEVVVEL
LVVVVEL
ELVVVEL
EEVVVEL
EVVVVEL
VLVVVEL
VEVVVEL
VVVVVEL

LLVVVEE
LEVVVEE
LVVVVEE
ELVVVEE
EEVVVEE
EVVVVEE
VLVVVEE
VEVVVEE
VVVVVEE

LLVVVEV
LEVVVEV
LVVVVEV
ELVVVEV
EEVVVEV
EVVVVEV
VLVVVEV
VEVVVEV
VVVVVEV

LLVVVVL
LEVVVVL
LVVVVVL
ELVVVVL
EEVVVVL
EVVVVVL
VLVVVVL
VEVVVVL

VVVVVVL

LLVVVVE
LEVVVVE
LVVVVVE
ELVVVVE
EEVVVVE
EVVVVVE
VLVVVVE
VEVVVVE
VVVVVVE

LLVVVVV
LEVVVVV
LVVVVVV
ELVVVVV
EEVVVVV
EVVVVVV
VLVVVVV
VEVVVVV
VVVVVVV

pagina 27